고난을 통해
희망을 만들다

길위에 선 청년 변호사

이재명 지음

제5회 전국동시지방선거
이재명 예비후보자 공약집

청동거울

고난을 통해
희망을 만들다

길 위의 삶으로 잉태된 소명

돌투성이 거친 땅, 경북 안동 깡촌마을. 서러움과 배고픔만 기억되는 아픈 땅, 그곳이 제가 태어난 곳입니다. 보리 좁쌀 한 줌씩 넣고 밥도 아닌 죽을 끓이던 저녁 무렵 어머니는 저를 낳으셨습니다. 그날이 22일인지 23일인지, 고생으로 뱃골이 빠져 정신이 없으시던 어머니는 제가 태어난 날을 정확히 모릅니다. 9남매의 일곱째, 태어나지 않았으면 어머니의 그 지독한 고생을 조금이나마 덜어드렸을까요? 아버지는 대학중퇴라는 당시로는 거창한 학력을 가졌지만 쌀도 돈도 되지 않는 동네일에만 열중하셨습니다. 가족만을 위해 사는 아버지, 허기진 내 배를 채워줄 아버지가 그리웠습니다. 결국 고향을 떠났습니다.

태어난 고향 마을.

1976년, 초등학교를 마치자 떠나 새롭게 발 디딘 곳, 상대원시장 뒷골목 반지하 단칸방이었습니다. 큰길가에 집 몇채가 드문드문한 진창길… 그것이 성남에 첫발을 디뎠을 때의 모습이고 끝없는 고통의 길을 예고했습니다. 중학교도 진학 못하고 처음 들어간 직장은 목걸이공장이었습니다. 13살 꼬마노동자로 잔심부름을 하며 납땜질이 손에 익을 무렵 사장은 석 달치 월급을 떼먹고 야반도주했습니다. 이때부터 '동마고무', '아주냉동', '대양실업', '오리엔트' 등 상대원 공단의 공장을 전전하며 기술을

배웠지만 돌아온 것은 수차례 산재사고와 후유장애였습니다. 동마고무에서는 모터벨트에 왼손이 감기고, 오리엔트에서는 신나에 후각이 마비되었으며, 대양실업에서는 프레스사고로 왼팔이 부서져 군대도 못 가고, 지금도 팔이 제 기능을 못하는 6급 장애인이 되었습니다.

프레스사고를 당했던 대양실업의 동료 노동자들과 함께. 가장 어린 오른쪽 아래가 필자.

고등학교를 마치고 공장 관리직이 되는 것. 이것이 꼬마노동자들에겐 유일한 성공모델이었습니다. 고등학교 졸업장이라도 있으면 관리직이라도 할 수 있지 않을까, 장애인이 되었지만 살아갈 수 있을 것이라는 기대로 주경야독하며 중·고등학교를 검정고시로 마쳤습니다. 그러나 별차이가 없었습니다. 폭행과 차별은 여전했고, 미래는 암울했습니다.

공장에 다니며 중졸자격 검정고시 시험 응시원서 사진.

그런데 기회가 왔습니다. 군사쿠데타로 본고사가 폐지되면서 학력고사 성적만으로 4년간 장학금을 주는 사립대학들이 생겨났습니다. 죽을 각오로 이를 악물고 학력고사에 매달려 꼬마노동자 월급보다 4배나 더 되는 장학금을 받으며 중앙대학교 법학과를 들어갔습니다. 대학생이 된 꼬마장애인노동자는 대학 교정 여기저기서 군사독재의 횡포에 맞서는 친구들의 함성을 애써 외면했습니다. 유일한 생명줄인 '대학생' 신분을 빼앗길 수도 없었고, 유일한 탈출구로 믿던 사법시험을 포기할 수도 없었습니다.

1986년 사법시험에 합격한 후 2년간 다닌 사법연수원 시절은 크나큰 변화의 물결이 내 삶을 바꾼 시기입니다. 민주화 물결은 세상을 돌고 돌아 사법연수생들에게도 몰려왔습니다. 사법연수원 사상 처음 '노동법학회' 를 만들고, 무변촌 법률봉사활동을 기획하며, 사법개혁을 요구하는 성명서를 서명받아 발표했습니다. 어렵게 얻은 '고시합격생' 의 지위를 잃을 수 있는 무모한 짓이었지만 더 이상 시대의 아픔을 외면할 수 없었습니다. 거부할 수 없는 소명을 느꼈습니다. 우수한 성적으로 판검사를 골라 임관할 수 있었지만 결국 모든 사람이 선망하는 판검사

집안 처음 대학을 마친 후 어머니와
지금은 고인이 되신 아버님과 함께.

사법시험 합격 후 생애
처음으로 신문에 남.

를 버리고 가난한 인권변호사의 길을 선택했습니다. 군사독재정권의 하수인이 될 수는 없었습니다.

1년, 아니 한두달만 판검사 노릇해도 '판검사출신 변호사'로 손쉬운 길을 갈 수 있었지만, 단 한순간이라도 기득권 집단이 될 수는 없었습니다. 노동인권변호사로서 소외된 사회적 약자들과 함께 뛰며 그들의 인권과 사회적 정의를 위해 길거리 변호사가 되었습니다. 노동자들에게 가장 쓸모 있는 도구가 되는 것이야말로 '꼬마노동자'로 뼈아픈 시절을 보낸 제가 할 수 있는 최선이었고 제 자신이 자랑스러워지는 일이었습니다.

90년대 초 지방자치가 실시되면서 풀뿌리민주주의의 단초가 열리자 새롭게 시민운동가의 길로 들어섰습니다. 풀뿌리민주주의는 자리 잡지 못했고 시민운동은 계속되었습니다.

소각장반대운동, 저유소저지활동 ,시정감시 등 시민운동을 하며 변호사 신분으로 수배 구속을 당했고, 시립병원설립운동을 하다 시의회가 18,595명이 서명한 시립병원설립조례를 단 47초만에 날치기하는 것을 보고 격렬히 항의하다 시의회 본회의장에서 통곡했습니다. 이 사건으로 경찰에 수배되고, 주민교회 지하실에서 도피생활을 하면서 감시자 역할의 한계를 절감하고 15년간 해 왔던 인권변호사, 시민운동가의 길을 접었습니다. 결국 현실정치 참여를 결심했습니다.

권력을 버리고 인권변호사의 길을 걸으며, 구속·수배를 감수하는 시민운동을 하면서도 꼭 하고 싶은 일이 있었습니다. 온 힘을 다해 살아도 최소한의 인간다운 삶이 보장되지 않는 삶, 아침 저녁으로 폭행당하고 산재사고로 팔과 코를 잃었으면서도 보상은커녕 사람대접조차 제대로 못받던 저의 꼬마노동자 시절, 희망과 미래를 잃어버린 대다수 사람들의 절망적인 삶. 그 절망을 걷어내고, 평범한 사람의 상식이 통하는 사회, 성실하게 일하면 누구나 희망을 가질 수 있는 그런 '사람 사는 세상'을 만들고 싶었습니다.

시립병원조례 날치기 부결 후 의회
본회의장에서 오열. 이 사건으로
두 번째 수배됨.

세상은 열정만 가득한 정치신인의 도전을 쉽게 허락하지 않았습니다. 2006년 성남시장 선거에 패배하고 곧바로 2008년 총선 경선에도 패배했습니다. 그러나 멈출 수는 없었습니다. 지역원로들의 권유로 낙선이 보장된 분당구 총선에 출마했습니다. 당연히 낙선했지만 분당은 상처입은 저를 따뜻이 맞아 주었습니다. 상상하기 어려운 33.2%의 지지를 주었고 두 전직 대통령 서거 때는 10만 시민이 야탑광장 분향소를 찾았으며, 3만명 가까운 분이 언론악법 철회서명에 참여했습니다. 이제 분당은 불모지가 아니라 저의 기반이자 근거지가 되었습니다.

시민운동을 하면서 얻은 별명이 '싸움닭'입니다. 잘못을 그냥 넘어갈 수 없었고 말로 안 되니 싸울 수밖에 없었습니다. 싸움닭이라는 별명이 별로 싫지 않습니다. 세상과 시민과 올바름을 위한 것이라면 기꺼이 그 싸움에 나를 던졌고, 지금 이 순간 새로운 출발을 하면서도 마찬가집니다. 시민운동가로서 얻은 것이 싸움닭 별명만은 아닙니다. 다수 의견에 따르면서도 소수 목소리를 아우르는 것이 진정한 민주주의라는 사실, 주민이 지방자치의 주체라는 것, 그리고 결국 바른 편이 이긴다는 평범한 사실을 체득했습니다.

되돌아보면 참으로 치열하게 살아온 세월이었습니다. 변호사인줄 알고 결혼했더니 매일 밤 얼굴도 제대로 못 보다가 도피 수배생활을 밥먹듯 하고 구치소까지 들락거리는 남편에 절망했을 아내와 아이들, 판검사 될 줄 알았더니 동네 길바닥을 쓸고 다니는 아들을 보고 안타까워했던 어머니와 형제들에게는 미안하기 그지없었습니다. 그러나 사람들의 성원속에서 지난 삶이 자랑스럽게 생각될 때가 있을 거라는 말로 위안드리고 싶습니다. 저는 성남의 길거리를 배회하는 길거리 변호사입니다. 사람 사는 세상에 꼭 필요한 사람이 되기 위하여 이제 또다시 새로운 도전의 길에 나섭니다. 여러분의 소중한 도구가 되어 가장 유용하게 성남을 위해 쓰여질 수 있기를 진심으로 바라고 부탁드립니다. 감사합니다.

2010. 2. 9   성남시장 예비후보자 이재명

립병원 설립 운동 주도. 시립병원 설립촉구 가두행진중.(2003년)

어린이와 함께 하는 벼룩시장 이익금을 파키스탄 지진 피해자에게 기증했다.(2005년)

죽정기 함양운동. 3.1절 노래 작곡가 故 박태현 선생 묘소 참배중.(2006년)

1공단 공원화 운동. 제1공단 공원화 촉구 기자회견에서.(2006년)

구미–죽전도로 원상복구 운동. 원상복구촉구 기자회견을 하고 있다.(2006년)

애인 인권운동. 일일장애체험.(2005년)

광주대단지 사건 진상규명과 피해보상 운동. 진상촉구 기자회견.(2006년)

어르신을 위한 경로정책 추진. 경로잔치에서 어르신들과 함께.(2006년)

노동인권운동가의 길. 성남의 한 공장에서.(2006년)

제2롯데월드와 성남 고도제한 문제 공식제기.(2009년)

제2롯데월드 폭로로 성남 고도제한완화 운동 촉발. '롯데월드 허가 전에 고도제한 해결하라' 기자회견.(2009년)

본시가지 지역난방 도입 운동. 본시가지 지역난방 도입 요구 브리핑.(2009년)

2009년 아파트연합회, 주상복합부녀회 등과 함께 '지역난방민영화' 저지를 위한 주민설명회를 개최하였다.(2009년)

미디어법 날치기 저지서명.
80일간의 긴 천막투쟁 중
민주당 정세균 대표와 함께.
(2009년)

촛불시위와 인권옹호 활동. 민주사회를위한변호사모임 일원으로 촛불현장에서 인권침해감시변호사단 활동중에 잠시.(2009년)

은행 2동 재개발 주민운동 지원활동. 주민대회에 참석하여.(2009년)

판교도심공동묘지(자연장) 폐지운동 시작. 주민대회에서 폐지 역설.(2009년)

위례신도시 사업권획득 촉구 활동. 성남시사임원이 없는 것이 부당하다고 지적.(2009년)

판교임대아파트 보증금 반환운동 지원. 소송승소 후 승소 보고 및 향후대책 설명회.(2009년)

리모델링 지원 활동. 국회 의원회관 대회의실 리모델링 정책토론회에 토론.(2009년)

분당 리모델링 1호 사업지구 정자동 한솔 5단지 현장.(2009년)

노무현 전 대통령 분향소 운영. 야탑역 분향소에서 상주가 되어 시민을 맞으며.(2009년)

민족정기 회복을 위하여. 요미우리신문 상대 독도망 소송을 시민들과 의논중.(2009년)

김대중 전 대통령 분향소 운영. 야탑역 분향소에서 상주가 되어.(2009년)

민주당 개혁 활동. 혁신과통합위 위원으로 시민공천 심원제 도입 모의시민배심원 대회를 진행중.(2009

광역시가 아닌 졸속 강제통합 저지운동. 졸속통합저지 100인 선언 기자회견.(2009년)

이웃봉사활동. 사랑의 김장 나누기 행사에서 주민들 함께.(2009년)

| 부대변인으로서 성남을 위한 활동 일지 |

(2008~2010)

사법부 독립 수호 활동. 신영철대법관 사건을
폭로.(mbc 뉴스데스크 방영)

제2롯데월드 폭로와 성남고도제한 완화촉구.
롯데월드 폭로 보도장면.(sbs 뉴스 방영)

MB당비대납의혹 추적활동. 민주당 최고위에
서 의혹 관련 금융자료 조사를 요구.
(ytn 뉴스 방영)

판교보증금 반환소송에 승소 후 인터뷰.
(kbs 뉴스 방영)

2008.09.23	제2롯데월드 철회 요구 브리핑
2008.10.09	지역난방 민영화 중지 촉구 브리핑
2008.10.17	판교 공동묘지(자연장) 반대 브리핑
2008.10.22	지역난방 민영화 관련 2차 브리핑
2008.11.06	지역난방민영화저지를 위한 공동대책위원회 발족
2008.11.17	은행2동 주거환경개선사업 설명회 강연
2008.11.19	판교공공임대아파트연합회의 집단 소송 지지 논평
2008.12.05	지역난방 도입요구 및 민영화 저지투쟁 동참 촉구 브리핑
2008.12.05	수정·중원구 지역난방지원조례 촉구 브리핑
2008.12.12	분당 올림픽 스포츠센타 매각 중지 촉구 브리핑
2008.12.18	재벌·친구 위해 서민을 죽이는 제2롯데월드 반대 기자회견
2008.12.24	제2롯데월드 반대, 고도제한 완화 촉구 기자회견
2009.01.17	KBS·YTN 사태 관련 브리핑
2009.01.29	판교소각장 공사 중단 촉구 기자회견
2009.01.29	쌍용차 국가핵심기술 유출 방조 관련 브리핑
2009.02.03	제2롯데월드 책임 국방부장관 사퇴촉구 브리핑
2009.02.05	판교공동묘지(자연장) 공사 중단 촉구 브리핑
2009.02.09	리모델링 제약하는 분당지구단위계획 중지 촉구 브리핑
2009.02.13	고도제한 완화 촉구 천막농성 무기한 돌입
2009.03.11	율동공원 위락공원화 반대 논평
2009.03.12	판교민간임대아파트 보증금 인하 촉구 브리핑
2009.03.13	지역난방 민영화 저지 서명운동
2009.03.17	판교공동묘지(자연장) 반대·채권환수 과천 집회 연설
2009.03.25	위례신도시 개발사업권 확보 촉구 브리핑
2009.03.31	판교 민간임대아파트 입주자 보증금 반환 소송 대리인 선정
2009.03.31	제2롯데월드 허용 관련 브리핑
2009.04.01	위례신도시 개발권 요구 브리핑
2009.04.16	지역난방공사 상장 중지 촉구 브리핑
2009.04.22	위례신도시 성남시 사업권 확보 노력 촉구 브리핑
2009.05.07	은행동 주민 이주대책 마련 촉구집회 연설
2009.05.10	은행2동 이주대책 마련 촉구 브리핑
2009.05.14	고도제한 완화 촉구 브리핑
2009.05.20	분당 리모델링 성남시 지원 촉구 브리핑
2009.05.26	야탑역광장에 노무현 대통령 분향소 마련
2009.06.03	대심도고속전철(GTX) 관련 브리핑
2009.07.04	경기도의회는 '학교급식 예산 복원' 촉구 브리핑
2009.09.15	분당 야탑역광장 미디어법 날치기 반대서명 철야 시작
2009.09.19	MB 독도발언 관련 요미우리신문 대상 소송
2009.09.19	盧 전 대통령 서거, 성남 분당 야탑역 광장에 분향소 설치
2009.09.23	성남·광주·하남 졸속통합 반대 브리핑
2009.09.30	1기신도시 리모델링연합회 김진표 의원과 간담회
2009.10.15	판교민간임대 소송 승소
2009.10.15	성남시 주민 단체들과 통합 반대 서명운동 전개

차 례

이재명 성남시장
예비후보자 공약집

Vision

비전 ;

젊은 성남
변화하는 성남
재도약하는 첨단도시 성남

6대
정책목표
('10~ '14)

▶ 재원 확보

▶ 21세기형 첨단 주거환경 조성

▶ 지속적인 좋은 일자리 창출

▶ 자립도시 완성

▶ 교육·문화도시 완성

▶ 지역복지공동체

고난을 통해 희망을 만들다

10대
정책과제

1_ 본시가지 재개발과 신시가지 리모델링 및 판교 기반시설 마련

2_ 지속적인 양질의 일자리 1만개 창출

3_ 도시 활성화를 통한 자립도시의 완성

4_ 교육의 세계화, 특성화, 평생학습 구현

5_ 복지예산 증액 및 보편적 복지 구현

6_ 시민참여행정 구현

7_ 수도권 전철 네트워크의 중심지

8_ 국제 관광도시 구현

9_ 시민의 삶의 질 향상(문화 · 예술 · 체육)

10_ 성남 · 광주 · 하남 광역시 추진

1;
6대 정책목표 개요

1 6대 정책목표 개요

1) 재원확보(호화청사 매각 등)

가. 추진배경

- 각종 정책추진에 막대한 재원 필요
- 호화청사는 예산낭비
- 위례신도시 사업권 전무

나. 추진사업

- 호화청사를 업무상업시설로 용도변경해 매각하고 검소한 청사이용 ➡ 매각차익발생
- 성남토지 41%가 포함된 위례신도시 사업권 확보 ➡ 개발이익 발생
- 삽질예산 대폭 축소(낭비성 예산 대폭 삭감) ➡ 예산낭비 축소

다. 정책효과

사회적 일자리, 의료, 교육, 복지 정책 소요예산 확보

2) 21세기형 첨단 주거환경 조성
(수정 · 중원구 재개발 · 분당 리모델링 · 판교 시설 투자)

가. 추진배경과 목적

◉ 주택노후화 및 열악한 주거환경 개선을 통해 수준 높은 주거환
  경 마련

◉ 지역 간 균형발전과 지역 특성화 구현

◉ 미래사회에 대응한 에코도시 구축

◉ 리모델링을 통한 명품 주거환경 조성

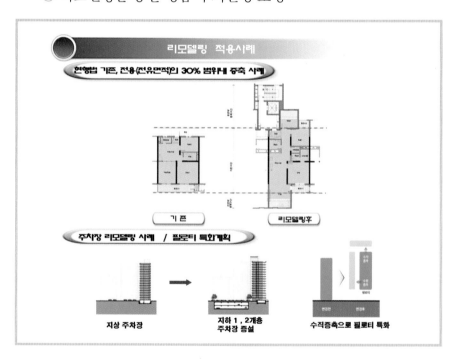

나. 추진내용
- ◉ 리모델링 및 재개발을 통한 도시재생사업, 판교기반시설 구축
- ◉ 재개발 과정의 투명성 제도화 및 고도제한 완화를 통한 용적률 상향
- ◉ 리모델링시 평면구성에서 재건축에 버금가도록 지원
- ◉ 리모델링으로 인한 주민 이주에 각종 지원
- ◉ 리모델링 전담부서 신설, 주민 분담금 인하 및 분담금 지원

다. 정책효과
- ◉ 도시재정비를 통한 쾌적한 주거공간 확보로 삶의 질 향상
- ◉ 서민 및 중산층의 주거안정

3) 지속적인 좋은 일자리 창출

가. 추진배경과 목적
- ◉ 일자리 창출로 시민의 생활기반 마련
- ◉ 양질의 일자리 창출을 통한 지역경제 활성화

나. 추진내용
- ◉ 대기업 본사 및 벤처기업 유치 촉진
- ◉ 다양한 일자리(주민조합, 공공근로, 사회적일자리 등)마련 및 지원

◉ 보건 · 복지 분야 일자리 확대

◉ 모란민속장 활성화, 관광자원개발을 통해 내 · 외국인 관광객
유치 서비스 일자리 창출

다. 정책효과

◉ 좋은 일자리 1만개 창출

◉ 시민들의 삶의 질 개선 및 소득 증대

4) 자립도시 완성

가. 추진배경과 목적

◉ 더 이상 서울의 위성도시가 아닌 자족도시로 도시 경쟁력 강화
로 자부심 고취와 생활 여건 강화

◉ 자족도시 완성을 위해 '광역시급' 이 아닌 '광역시' 추진

나. 추진내용

◉ 제1공단부지 공원화

◉ 도심 활성화를 위한 중심가 재개발

◉ 의료공공성 확대와 성남 시립병원 설립 및 공로자 우선 채용

◉ 대기업 및 벤처기업, 외국 기업 유치로 베드타운 극복

조감도

다. 정책효과

◉ 주민 만족도 향상 및 정주성 확대

◉ 권역내 경제 활성화와 지역 간 갈등 · 격차 해소

◉ 고용증대로 인한 일자리 창출

5) 교육 · 문화도시 완성

가. 추진배경과 목적

◉ 4년제 2개교, 2년제 2개교로 고등교육기관이 양적 · 질적으로 부족

◉ 초 · 중 · 고등학교는 교육부 기준치(학급당 35명)를 초과

◉ 살인적 사교육비 절감, 부실한 공교육

◉ 사회경제적 불평등으로 인한 교육격차 심화

◉ 교육자치 확대에 따른 지방자치단체 책임 증대

◉ 고령화로 인한 평생교육 수요 증가

◉ 하드웨어 중심, 서울 중심의 문화예술 정책

나. 추진내용

◉ 특목고 설립 대안으로 설립과 경영이 분리된 개방형 자율학교 유치

◉ 전문계고 특성화 지원을 통한 지역산업 인력 양성

◎ 외국어교육 지원(원어민교사 전면 배치, 외국어자원봉사단 등)

◎ 외국인 전용 주거단지를 조성하여 쉽게 저비용으로 영어를 생활속에 체험 할 수 있도록 하는 등 영어체험센터의 확대 조성

◎ 방과 후 교내 소그룹교육 지원(민간위탁 등)

◎ 무료급식 지원

◎ 교육복지투자우선지역 시범사업 실시, 시민참여 멘토사업 및 공부방 지원

◎ 평생학습도시 조성으로 지식격차, 정보격차 해소

◎ 지역특화(IT,바이오,반도체) 연구중심대학 유치

◎ 학교 실내 공기질 개선과 아토피 치료센터 설치

◎ 각급 학교 화장실 현대화 지원

◎ 각급 학교 냉·난방 지원

◎ 지역 문화예술 우선 지원

다. 정책효과

◎ 외국어 및 전반적 학습능력 향상으로 진학률과 성취욕 향상

◎ 사교육비 절감

◎ 교육환경 개선

◎ 지역 문화예술 발전

6) 지역복지공동체 구현

가. 추진배경과 목적

- ◉ 시 인구 5.6%가 복지정책 대상자인 수급자, 장애인 등임
- ◉ 시 예산 중 사회복지예산 11.95%, 보건예산 1.56%에 불과
- ◉ 사회복지시설 156개소, 종사자는 985명(2008년 통계 기준)
- ◉ 고령화로 인한 건강욕구의 양적 질적 확대
- ◉ 사회적 기업, 주민조합 지원 전무

나. 추진내용

- ◉ 주민조합 및 사회적 기업에 예산집행 참여 우선권 부여
  호화청사는 매각전까지 교육, 복지, 문화시설로 시민 환원

- 공립 보육시설 대폭 확충 및 민간 보육시설 지원 확대
- 취약계층 돌봄 서비스 확대
- 실버타운, 노인공동 주거시설 건립
- 복지분야 일자리 및 사회적 일자리 대폭 확충
- U-Healthcare 사업 추진을 통한 예방 건강관리시스템 구축
- 바이오 산업단지와 연계한 고령친화산업 발굴 육성 지원
- 사회복지사 교육 · 체력 단련비 지원
- 장애인 복지 대폭 확충
- 봉사단체 활동 지원

다. 정책효과

- 지역균형을 이루는 복지공동체 구현
- 사회 안전망 구축
- 예산집행 과정에 시민 참여

2,

5대 추진방향

5대 추진방향

1. 시민참여가 보장되는 민주적 행정

2. 생활권과 경제권이 일치된 자족도시

3. 건강하고 지속가능한 에코도시 건설

4. 세수확보 및 합리적 배분

5. 공직자의 봉사정신 함양

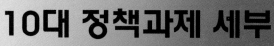

3, 10대 정책과제 세부

10대 정책과제 세부

1) 본시가지 재개발과 신시가지 리모델링 및 판교 기반시설 마련

현 황

▶ 수정·중원 지역은 인구 및 주택의 과밀, 기반시설 부족으로 생활환경 악화, 종합적 개선대책 필요

▶ 분당지역은 공동주택의 노후화와 재산가치 하락 ➡ 리모델링 필요

▶ 무책임한 개발로 인한 판교 기반시설 미비 및 생활 불편 ➡ 기반시설 투자 필요

정책목표

▶ 시민의 부담을 최소화하고, 삶의 질을 극대화하며, 주거안정을 도모

▶ 고도제한 완화(영장산 193m 이하)와 용적율 상향

▶ 리모델링 지원 조례 제정, 지구단위계획 변경

▶ 주택법, 국토법 등의 리모델링 현실화

▶ 투명한 재개발 관리를 통한 비용절감

▶ 판교 유치원 및 보육시설, 도서관 대폭 확충

▶ 판교 차량사업소 부지 이전을 통한 문화 복지 종합시설 건립

▶ 판교 공동묘지 체육공원화

▶ 판교 소각장 규정 이하 굴뚝 보완조치

2) 지속적인 양질의 일자리 1만개 창출

【 현 황 】

▶ 2010년 현재 성남시의 15세 이상 경제활동인구는 *약50만 명

▶ 비경제활동인구는 약30만 명(실업자는 약1.8만 명)

　※경기도 통계로 추정

▶ 임기내 1만개 이상 신규 일자리 창출

▶ 비정규직의 정규직화를 통한 생활안정 및 지역경제 활성화

▶ 사회, 복지, 서비스 분야 지속가능한 양질의 일자리 창출

[추진방법]

▶ 일자리 창출을 위한 기업과의 MOU 체결 및 지역협약기구 설립

▶ 기업 일자리 창출(일자리 창출 지원센터 설립)

　:: 대기업 본사 유치 및 정보통신 부품소재산업 및 벤처기업 유치

　:: 연구개발센터(R&D) 유치

▶ 관급공사시 지역주민 우선고용 및 성남시 산하기관 지역민 우선채용

▶ 일정규모 이상 발주공사에 2/3이상 성남시민 의무고용제 시행

▶ 사회적 기업 창업지원 및 사회적 일자리 확충

▶ 생산, 유통, 소비자, 의료 영역에서 주민의 협동조합 조직 지원 (협동조합 지원조례 제정)

▶ 성남시와 시설관리공단 산하기관의 비정규직 정규직화

▶ 시립병원 설립

3) 도시 활성화를 통한 자립도시의 완성

【 현 황 】

▶ 전체면적: 141.82㎢(4,290만 평)

▶ 인구: 367,675세대/ 942,447명(2009.11.30 현재)

▶ 규모는 광역시에 육박하고 있으나 여전히 서울의 위성도시로 베드타운 성격 인식

▶ 역사적으로도 1969년 서울시 철거민 집단 이주를 위해 개발되었고, 1989년 분당지구 신도시 건설과 현재의 판교신도시 개발로 정부와 서울의 필요에 의한 것임

▶ 자족도시로 거듭날 방안 필요

▶ 간선도로는 양호한 편이나 이면도로는 폭이 좁고 경사가 심해 교통흐름이 원활하지 못함

▶ 기존시가지 주차문제는 심각한 수준을 넘어 주민 간 갈등초래의 주요 원인

【 정책목표 】

▶ 경제, 문화적으로 자립도시 기반을 완성하고, 21세기형 최첨단 도시로 발전

▶ 대중교통망 확충 및 주차시설 확보

▶ 지역별 산업구조 고도화를 통한 지속가능한 균형발전 추진

▶ 상업, 업무, 문화, 주거, 위락시설들을 통합 연계한 도시 재배치 및 새로운 명소 창출

▶ 각 동별 공영주차장 추가 확보 및 기존시설 확대

▶ 차세대 이동통신, 바이오, 고부가가치 부품산업이 어우러진 삼각밸트 활성화(야탑~정자 IT 밸리, 판교 테크노밸리, 위례 실버의료산업 밸리, 서현 금융보험중심지, 상대원 첨단산업부품단지)

▶ 산·학 연계 혁신형 차세대 성장산업 네트워크 구축

▶ 첨단의료기기를 보유한 시립병원 설립

▶ 대기업 및 다국적기업 유치

4) 교육의 세계화, 특성화, 평생학습 구현

【 현 황 】
- ▶ 대학 진학률 감소
- ▶ 실업계교육 지원 미약
- ▶ 저소득층(중·고교)급식 지원 시급
- ▶ 학교폭력 대책마련 시급
- ▶ 교육지원시설 부족

【 정책목표 】
- ▶ 사교육비 절감과 공교육 지원으로 교육의 기회균등 확보 기여
- ▶ 수준별, 특성화 교육을 통한 학업성취 지원

【 추진방법 】
- ▶ 외국어 활용 증대를 위한 외국인 전용 주거공간을 마련하고 성남시 학생들의 어학능력 향상을 위한 체험센터 건립
- ▶ 방과후 학교 프로그램 개발 및 교육 질 향상 지원(인건비 등)
- ▶ 최우수 강사를 통한 사이버 교육 활성화
- ▶ 전문계고 특성화 지원 강화 및 산·학 연계 추진
- ▶ 교육 프로그램 지원
- ▶ 우리 농산물 급식을 위한 조례제정 및 학교급식지원센터 설립

▶ 학교폭력예방대책 교육 및 환경개선 지원

▶ 화장실 개선, 냉·난방시설 등 교육시설 개선 지원

5) 복지예산 증액 및 보편적 복지 구현

【 현 황 】

▶ 타 시군과 비교해서 나쁜 상황은 아니나 재정 규모를 볼 때 미흡한 실정

▶ 시립 유치원 및 영·유아 보육시설 부족으로 인한 여성경제활동 참여 비율 저조

▶ 장애인, 저소득층, 한부모가정 등 소외계층에 대한 지원 미비

▶ 기존시가지 공공의료시설 부족

【 정책목표 】

▶ 저소득층, 장애인에게 인간다운 생활을 할 환경조성

▶ 영·유아 보육시설 확대 및 지원, 심야 탁아시설 설치

▶ 어르신에게 여가활동 제공 및 소일거리, 일자리 마련

【 추진방법 】

▶ 시립병원 건립으로 시민건강권 확보

▶ 공공 보육시설 및 보건소 대폭 확충

▶ 출산 장려금 확대

▶ 주민자치센터 및 복지관과 연계 노인지원시스템 마련

▶ 저소득층 전세임대 및 전세자금 지원(보증금 1억원의 80% 범위 내에서 지원)

▶ 저소득층 생업자금 대출지원 및 생활안정융자금 지원

▶ 도촌, 판교, 태평4동 주민복지회관 우선 건립 및 노인종합복지관 건립

▶ 보건, 복지와 사회적기업의 연계를 통한 양질의 일자리 창출

6) 시민참여행정 구현

▶ 성남시는 '10년 현재 3개구 48개동이 있으나, 주민참여 행정은
   미흡
▶ 공무원 1인당 주민수는 2003년 441명에서 2007년 385명으로
   점차 줄어 드나 시민 체감의 질은 점차 하향
▶ 판교특별회계 5천여억 원의 전용으로 인한 재정 적신호
▶ 청렴도 최하위권으로 공무원 윤리의식 미흡

【 정책목표 】

▶ 시민참여형 행정으로 전환
▶ 對시민 행정 서비스 혁신
▶ 행정 시스템의 합리성 제고
▶ 공정한 인사 시스템 구현

【 추진방법 】

▶ 새로운 비전 창출 및 조직진단을 위한 컨설팅 실시 서비스 중
   심 조직으로 재편(one-stop 행정시스템 구축)
▶ 시민참여시스템 도입 및 시민만족도 반영(피드백)
▶ 시장 직속「시민고충처리위원회」운영

- ▶ 행정정보의 공개 및 행정절차의 투명성 확대
- ▶ 불이익 처분에 대한 의견청취제도 의무화
- ▶ 정책의제 발굴 및 감시 제도화(시정개혁위원회)
- ▶ 공공성 낮은 행정부문 민간위탁제 도입
- ▶ 우수 인적자원 활용을 통한 주민자치센터 기능 확대
- ▶ 공무원 사업부서장의 재량권을 인정하고 총액예산제도 도입
- ▶ 자발적인 정책연구 동아리 지원 및 인센티브 부여
- ▶ 시장 Hot-Line, 인사공개 추천 및 상담예약 시스템 구축
- ▶ 부서별 독립채산제 운영을 통한 국단위 책임운영 정착
- ▶ 정보통신을 활용한 U-Life, U-Care, U-Edu 서비스 구축
- ▶ 사이버 옴부즈만 운영과 시민참여포럼의 운영 지원
- ▶ 정책과정 단위 시스템화를 통한 정책실명제 확대
- ▶ 공정한 성과관리를 통한 성과보상 마일리지 제도 도입 및 안식
  년제 도입

7) 수도권 전철 네트워크의 중심지

[현 황]

▶ 성남↔성남 간 출근통행은 184,011번 통행, 성남시 전체 출근 통행의 36.8%

▶ 성남↔경기 간 통행은 귀가통행이 38.9%

▶ 대중교통분담률과 승용차 분담률이 비슷한 수준

▶ 성남↔서울 간 통행의 수단분담률은 승용차 42.9%, 버스 19.9%, 전철 및 철도 28.1%

[정책목표]

▶ 저탄소 도시, 녹색교통 중심 도시, 교통사고 제로 도시 구현

▶ 산업구조 고도화 및 첨단산업 유치 · 지원으로 자족기능 강화 와 도시경쟁력 확보

▶ 광역급행철도(GTX), 수서~평택 KTX, 판교~월곶 복선전철 등 수도권 광역철도망 구축의 중심지화

[추진방법]

▶ GTX(수도권광역철도) 중간역사 확보

▶ 신분당선 및 성남~여주 복선전철 개통 시기 단축

▶ 판교~월곶 복선전철 개통 단축

▶ 미금 환승역사 건설(국비 40%, 시비 30%, 민간 30%)

▶ 수도권 경제 부심지로서 역세권 특화 개발 추진

▶ 도심순환 경전철 사업 추진(판교~중앙공원~돌마로~정자 구간과 모란~중원구청~사기막골 구간)

▶ 전철역 환승편의 개선을 위한 시설정비 및 구축

▶ 가장 환승수요가 높게 발생하는 모란역에 복합환승센터 건설 및 인근 상권 통합 개발

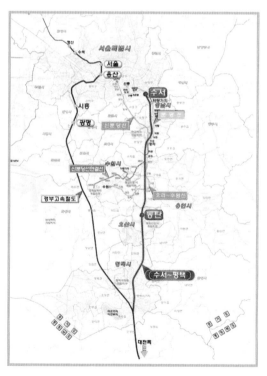

8) 국제 관광도시 구현

[현 황]

▶ 서울시에서 가장 인구가 많은 송파구(69만 명)를 비롯해 강남구
(57만 명), 서초구(42만 명) 및 용인시(82만 명), 광주시(24만 명)와
접해 있고, 남한산성도립공원, 율동공원, 중앙공원을 비롯한
우수한 도시자연공원, 국가보물 19개, 모란민속5일장 등이 있
으나 접근성 있는 관광문화 공간은 매우 미비한 상황

▶ 외국인 관광객 수는 780만 명(2009년), 관광수입은 93억 달러
(2009년), 향후 지속적 증가가 예상되며, 단순관람에서 체험관
광으로 형태변화 전망

▶ 상징적 대표관광 브랜드 및 체류거점 부재, 관광이미지 취약
등의 문제점

정책목표

▶ 성남시의 지정학적 장점을 살려 성남시민이 공유하고 자부 할
수 있는 관광 · 문화 공간 확충

추진방법

▶ **명소화**

:: 성남의 상징이 될 3대 도심공원 건설(율동, 중앙, 제1공단)

:: 특화시설 도입 : 가족단위 관광객 및 지역 내 방문객이 사계절 이용할 수 있는 Resort 제공

:: 쇼핑과 엔터테인먼트가 함께 이루어지는 지역의 명소화

▶ **다양화**

:: 민속장인 모란시장과 연계한 전통과 미래가 어우러지는 공간 창출

:: 급변하는 사회에 대응하는 다양한 문화공간 개발

:: 다문화 시대에 어울리는 외국풍 특화거리 조성

:: 의료관광 및 한국전통 체험공간 조성

:: 자긍심을 높이는 3.1절 작곡자 묘역 조성과 기념탑 건립, 민주화기념관, 태극기 박물관 조성

▶ **활성화**

:: 모든 사람들이 언제든지 와서 즐기는 도시

:: 다양한 Event와 활동이 상존하는 중심마당

:: 신개념의 입체 보행동선

:: 친환경적인 외부 공간

:: 남한산성 관리를 전문 민간기구에 위탁, 특수법인화

:: 성남 브랜드 마케팅 위원회 설치를 통한 글로벌 PR전략 수립

9) 시민의 삶의 질 향상(문화 · 예술 · 체육)

【 현 황 】

▶ 성남시민의 다양한 문화예술 및 여가활동 향유 기회 부족으로 정주의식 및 정체성 미흡

▶ 대표적 문화예술이라 할 만한 영역 빈약

▶ 탄천페스티벌 등 소모성, 고비용 축제만 존재

▶ 지역 문화예술인들의 창작활동 및 문화활동을 위한 배려 부족

▶ 시민참여형 문화활동에 대한 지원과 사업 미흡

▶ 지역문화진흥을 위한 중장기 로드맵과 정책적 제안 미약

▶ 성남문화재단의 '사랑방 문화클럽'은 성공 사례

▶ 2곳의 종합운동장을 비효율적 운영

▶ 체육 종목간 심각한 불균형 상태

▶ 시민의 체육활동 욕구 증대에 비해 현저히 낮은 생활체육시설

▶ 소외계층과 가족 단위 스포츠 프로그램 부족

▶ 전문적인 생활체육 지도자 부족

▶ 스포츠를 통해 성남시민의 긍지를 느낄 수 있는 정책과 투자 부족

▶ 지역 출신 스포츠인에 대한 취업 기회 부여 등 유인책 미흡

▶ 다양한 문화활동 기회 및 공간 제공

▶ 시민창조형 문화 · 복지 패러다임 구현

▶ 환경, 생태, 문화 다양성의 가치 구현

▶ 문화,체육 창조도시 구현

▶ 구별, 동별 문화 · 체육 격차 해소

▶ 생활체육 활성화 및 건전한 레포츠로 건강한 삶 실현

추진방법

▶ 도시재생 개념으로 유휴공간의 문화예술공간화

▶ 생활속의 문화예술과 체육을 장려 ➡ 삶의 질 향상

▶ 성남문화재단의 정책기능 강화 및 재편

▶ 성남커뮤니티 아트 프로젝트로 다양한 지역 문화예술을 통한
사회통합 실현

▶ 보유 보물과 유적, 유무형 문화재, 민속자료 등의 현대적 해석을 통한 역사콘텐츠의 활용(남한산성, 탄천, 모란민속5일장 등)

▶ '사랑방 문화클럽' 지원 확대

▶ 성남아트센터의 문화경쟁력 확대 개편

▶ 병원, 기업, 재래시장, 경로당 등에 찾아가는 예술 장려

▶ 각 구별 체육 및 문화공간 추가 조성 및 지도자 양성교육 실시

▶ 성남시 체육단체를 시민봉사 활동조직으로

▶ 자발적 시민참여 프로그램(벼룩시장 등) 지원

10) 성남·광주·하남 광역시 추진

【 현 황 】

▶ 주민투표 없이 추진하는 강제 졸속통합

▶ 통합시 명칭, 시청사 위치 등 주민 갈등 요소 잠복

▶ 광역시가 아닌 기초단체 간 단순 통합

▶ 여야가 2014년을 목표 지방자치단체통합기본법 협의중

▶ 예산 유출로 수정·중원구 재개발, 재건축 중단 우려

【 정책목표 】

▶ 2010년 7월 이후 주민 동의하에 '광역시'로 통합

▶ 충분한 의견 수렴과 용역을 토대로 명칭, 시청사 위치 등 결정

▶ 분당, 수정, 중원, 광주, 하남 자치권 행사

▶ 광역시 예산 확보로 지역 균형개발 실현

[추진방법]

▶ 충분한 민주적 토론과 여론수렴 선행

▶ '민관합동 광역시 추진위원회' 설치

4,
부문별 세부정책

4 부문별 세부정책

(지역경제 활성화/비정규직 보호)

⇨⇨⇨ **기업활성화 지원 및 벤처육성을 위해 수출지원 체계를 현대화하고 첨단화하겠습니다.**

- IT 강국임에도 불구 기업지원체계는 미흡
- 기업활성화를 위한 공동구매제, 공동브랜드제 등 실시
- 해외전시회 참여기업 지원제도 대폭 강화

⇨⇨⇨ **재래시장 활성화를 위해 인접시장 및 주변상권 활성화를 지원하겠습니다.**

- 등록 재래시장과 인접 상점가를 묶어 상권 동시개발
- 점포관리기법 개선(예: 모란시장 레시피 발행과 구매 연계 프로그램)
- 상품권을 넘어선 성남사랑카드를 통해 소비자와 구매자 Win-Win
- 기업형슈퍼마켓(SSM) 철저 규제

⇨ ⇨ ⇨ **산학연관 협동의 소규모 디자인 벤처기업창업을 적극 지원하겠습니다.**

- 디자인 벤처 창업보육센터 설립
- 민·관 협력 판로개척단 구성을 통해 마켓쉐어 강화
- 연구인력과 고가장비 지역내 기업 공동활용 연계체제 구축

⇨ ⇨ ⇨ **입찰과 지역개발에 지역상공인 참여를 보장하고 주민고용을 확대하겠습니다.**

- 관급공사시 지역주민 우선고용, 직접고용 상용화조건
- 민관합동기업에 의한 지역개발로 개발이익 주민환원
- 무료취업센터를 통한 근로자 채용 의무화

⇨ ⇨ ⇨ **근로자조합주택을 지원하겠습니다.**

- 거주, 무주택, 근무기간, 기타 자격을 엄격히 제한하는 것을 전제로 운수, 건설, 공장 노동자를 위한 근로자의 주택조합 지원

⇨ ⇨ ⇨ **중소기업 수출활성화를 위한 산업진흥재단을 강화하고 경영컨설팅을 지원하겠습니다.**

- 산업진흥재단의 수출실적은 성장
- 경영, 기술, 영업력, 인재부족 등은 여전히 중소기업의 과제로 지원체제 확립

▷▷▷ 섬유클러스터를 지원하고 사업다각화를 지원하겠습니다.

- 수출 및 경영 · 기술 지원

- 사업다각화 인센티브제 도입

   :: 직업 재교육 프로그램 참여시 임금의 일부 보전

   :: 사업다각화 이후 법인세 면제

▷▷▷ 성남가상마을(Sung-nam virtual village)로 U-City 환경구축.

- 터널방재, 보안등 원격관제시스템

- 치매 · 독거노인, 가정의 도난 · 화재 등 재난대응서비스 개발

- 공중파, DMB 등 난시청 해결

▷▷▷ 도심의 구심점이 되는 중심복합단지 시설을 확충해 국제도시로 발돋음하는 계기를 만들겠습니다.

- 상업, 업무, 문화, 주거, 위락시설을 연계한 복합단지 개발

   :: 기업유치, 호텔, 쇼핑센터, 한국 전통문화거리를 중심으로 한 각국의 문화체험

     거리 조성

⇨⇨⇨ **비정규직의 정규직화 실시로 비정규직의 권리보장에 힘쓰겠습니다.**

- 선 비정규직 실태조사후 성남시 및 산하기관 우선 정규직 전환
- 정규직을 대체하고 있는 상시근로 비정규직부터 우선 정규직화
- 정규직 미전환자(자발적 비정규직 포함)는 임시로 사회안전망 강화(정규
  직 보다 적은 임금은 학자금, 능력개발비 지원 등으로 보전)

(교육환경개선)

⇨⇨⇨ **학교급식에 친환경우리농산물 공급을 확대해 학생들의 건강권을 확보하겠습니다.**

- 조례개정으로 학교 급식에 친환경우리농산물 공급 확대
- 2012년 초 · 중 · 고 완전 무료급식 실현
- 결식아동 지원기준 완화로 생계취약계층 자녀 지원확대

⇨⇨⇨ **공교육 강화를 통해 사교육비 부담을 줄이고 균등한 교육기회를 확대하겠습니다.**

- 혁신초등학교 신설(경기도교육청과 협의)
- 수준별 보충학습 실시(민간위탁 포함)
- 초 · 중 · 고 학생 200명 당 원어민 강사 1인 전면 지원

⇨ ⇨ ⇨ **교육환경 낙후 지역에 대해 개선사업을 펼치겠습니다.**

- 원거리 배정 학생 학군 조정
- 스쿨존 내 유해업소 근절 및 과밀학급 해소
- 낙후한 학교시설 개선 지원

⇨ ⇨ ⇨ **학원폭력 예방 시스템을 만들어 안심하고 자녀를 학교에 보낼 수 있도록 하겠습니다.**

- 청소년 학원폭력 전담 상담센터 설치
- 24시간 청소년 SOS 콜센터 운영

⇨ ⇨ ⇨ **초등학교 저학년 방과후교실 운영으로 학부모님들의 부담인 사교육비를 절감해 드리겠습니다.**

- 어린이 '복습학교' 운영으로 공교육 정상화
- 방과후학교 프로그램의 일부를 '복습' 중심 프로그램 운영
- 저소득층 대상 방과후교실 양성화

⇨ ⇨ ⇨ 영·유아 놀이학습 및 영·유아 부모들의 커뮤니티 시설을 확충하겠습니다.

- 다양한 영·유아 교육 프로그램개발 지원
- 육아 정보교류 커뮤니티 구현

⇨ ⇨ ⇨ 어린이 영어교육비 절감을 위한 '어린이 영어학교'를 운영 하겠습니다.

- 방과후학교 프로그램에 원어민 강사 초빙, 이중언어교육 실현

(시민참여행정 구현)

⇨ ⇨ ⇨ 각종 위원회의 위원 공모 등을 통해 위원회를 개혁하겠습니다.
- 위원회 위원 공모, 추천제 도입, 회의록 작성 및 공개, 보관의무 명 시, 여성할당제 도입 등

⇨ ⇨ ⇨ 서비스 중심의 one-stop 행정시스템 구축으로 대민행정 서비스를 혁신하겠습니다.
- 시장직속 '분쟁조정위원회' 구성을 통한 사회적 갈등의 합리적 해 결구조 마련

⇨ ⇨ ⇨ 시민참여 행정을 활성화하겠습니다.

- 도시기본계획 작성시 역사·문화·환경 보존에 관한 기초조사 및 계획수립을 우선
- 정책입안과 집행과정 집행결과 검증에 주민모니터링제 및 주민평가제 도입
- 참여예산제도 실시로 예산편성의 투명성, 효율성 제고

▷▷▷ **정책실명제, 실수권 제도 도입으로 각종 행정체계의 합리성을 제고하겠습니다.**
- 공무원이 안심하고 일하고, 책임지는 행정

▷▷▷ **정책토론청구제를 도입하여 시민·사회단체의 의견을 수렴하고 정책에 적극 반영하겠습니다.**
- 시민들의 요청이 있을 시 정책에 대한 토론회, 공청회 개최
- 시민토론광장 설치

⇨⇨⇨ **지역언론발전위원회를 설치해 지역사회의 부정부패를 감시하고 감시와 견제 기능을 하는 지역언론을 지원하고 육성하겠습니다.**

- 지역언론발전위원회 및 지역언론발전기금 설치
- 지역 인터넷 언론사 지원
- 공동 배포망, 공동취재 제작 등 지원

⇨⇨⇨ **여성 취약지역의 안전보호시설을 강화해 야간에도 여성들이 안심하고 다닐 수 있는 거리를 만들겠습니다.**

- 자치경찰제도 시범실시
- 지역의 방범, 순찰, 시설경비 강화
- 자율방범 지원

⇨⇨⇨ **공공기관 이용제도를 개선하여 주민 편익을 도모하겠습니다.**

- 공공기관에 대한 야간 및 휴일 이용편의 제공
- 주민자치센터, 문화의 집, 공기업 시설에 민간 이용 확대(야간)

(지역복지사회 만들기 I (아동, 어린이))

⇨⇨⇨ **각 동별마다 작은마을 어린이도서관을 건립해 책과 가까이 할 수 있는 환경을 조성하겠습니다.**

- 성남시 48개소 동별 작은마을 어린이 도서관 건립

- 공공기관 문고 등을 주민공동체가 운영하는 문고로 전환 활용
- 어린이 벼룩시장 지원 활성화를 통해 장서 확보

⇨⇨⇨ 시립 보육시설의 대폭 확충.
- 삼평동, 판교동, 수내동 시립보육시설 우선 건립
- 수정 · 중원구 중장기 대책 마련 후 동별 시립 보육시설 대폭 확충

⇨⇨⇨ 어린이 벼룩시장을 육성 · 지원하고 축제화해 지역사회와 소통하고 지역문화의 향상을 실현하겠습니다.
- 체험 경제교육을 위한 어린이 벼룩시장 육성 · 지원
- 벼룩시장을 지역문화와 접목, 세계적인 지역축제로

⇨⇨⇨ 국내입양 지원 및 출산장려제도 시행.
- 입양시 매달 일정금액 지원 및 출산장려금 지원 확충

⇨⇨⇨ 다문화가정 문화적응 및 교육 지원.
- 한글기초교실, 문화체험교실, 멘토프로그램, 자녀 교육컨설팅 및 지원
- 다문화센터 건립

⇨⇨⇨ 학교 앞 도로에 스쿨존 시설물을 확대해 안전한 등교길을

책임지겠습니다.

- 양지초등학교 앞 등 유치원을 비롯 초등학교 스쿨존 시설물 미설치
  지역 설치 확대

(지역복지사회 만들기 II (청소년))

⇨ ⇨ ⇨ **청소년문화공원을 건립해 청소년들이 주최가 되는 지역문화를 만들고 지역주민이 주도하는 지역축제를 정착시키겠습니다.**

- 유스호스텔, 천문대, 야외공연장, 산책로 등 설치
- 청소년 과학캠프, 청소년세계문화여행, 젊음의 축제공연 등 개최

⇨ ⇨ ⇨ **유소년 및 중학교 축구팀 창단으로 스포츠를 통한 애향심을 고취시키겠습니다.**

- 유소년 축구팀 창단 및 육성으로 초 · 중 · 고 축구팀과 연계
- 중학교 축구팀 창단

⇨ ⇨ ⇨ **사이버 가정학습 교육콘텐츠 제공 인터넷강의 무료제공을 통해 가정학습 지원체계를 강화해나가겠습니다.**

- 성남시 주관으로 최고 수준의 사이버 가정학습 제공
- 다양한 가정학습 교육콘텐츠를 확보해 인터넷 무료서비스 제공

(지역복지사회 만들기 Ⅲ(어르신))

⇨⇨⇨ **치매진단 예방 · 재활서비스 시행을 통해 치매로 고통 받는
가정의 부담을 덜어드리겠습니다.**
- 치매 · 중풍전문보호센터 설치로 치매노인 가정의 부담 완화
- 치매노인재활센터 설립으로 치매노인의 재활에 기여
- 노인 주야간 보호센터를 확충하고, 노인 일시 보호서 설치

⇨⇨⇨ **경로당 운영비를 대폭 인상하겠습니다.**
- 경로당 지원 조례 개정을 통한 지원 확대

- 일본의 노인 놀이터 벤치마킹을 통한 시범사업 실시
- 취사 경로당 현물지원 확대(쌀, 김치 등)

⇨⇨⇨ **시니어 직업훈련센터 설치 운영.**
- 훈련수당과 취업수당, 자격취득 지원
- 노하우 전수 연결 지원

⇨⇨⇨ **노인 소일거리 일자리 창출.**
- 실버 경찰, 실버 오케스트라 등

⇨⇨⇨ **각 구별 독거노인 one-stop 지원센터를 효과적으로 운영해 독거노인들의 기초적인 건강상태 및 안전여부를 꼼꼼하게 챙기겠습니다.**
- 노인종합복지관 및 종합사회복지관 등을 통한 독거노인 안전 확인

⇨⇨⇨ **보호자 없는 노인 요양병원 설립.**

⇨⇨⇨ **복지사 인원 확충 및 보수 증액.**
- 1300명에서 단계적으로 3000명으로 확충
- 복지사의 보수를 체력단련비, 교육비 등으로 지원

(지역복지사회 만들기 Ⅳ(장애인))

▷▷▷▷   장애인복지재단을 설립, 복지기금을 조성하고 자활 및 재
활사업을 지원하겠습니다.

- 장애인 자활 · 재활사업 지원 및 활성화
- 장애인사회참여 활성화 위한 정책수립(수화도우미 양성 및 장애인 봉사활동 등)

▷▷▷▷   장애인 고용의무제의 준수원칙을 강화해 공공기관 및 민간
기업의 준수를 도모하겠습니다.

- 장애인 고용의무제 준수 기관에 인센티브 지급
- 의무고용사항 철저 관리

⇨⇨⇨ 장애인복지타운의 조기완공으로 장애인기능시설을 통합해 예방 및 치료, 재활까지 one-stop시스템을 구축하겠습니다.

- 장애인 예방 및 치료, 재활, 스포츠까지 one-stop시스템 구축
- 장애인 쉼터 마련

⇨⇨⇨ 콜사업을 장애인 단체에 이관하고 장애인평생학습관, 장애인인권위원회를 운영하겠습니다.

⇨⇨⇨ 장애인들의 편의를 위해 저상버스를 조속히 늘리겠습니다.

(지역복지사회 만들기 Ⅴ(저소득층))

⇨⇨⇨ SOS긴급복지지원체계 · 무상의료로 기초생활수급자 및 저소득층의 복지지원에 힘쓰겠습니다.

- 가장의 사망이나 화재, 가정 내 폭력 등으로 생계가 갑자기 어려운 가정에 긴급지원
- 일정 수준 이하 시민에게 무상의료 허용

⇨⇨⇨ 빈곤가정을 대상으로 무상 건강검진을 실시하고 보건의료 네트워크를 형성해 보다 촘촘한 사회안전망을 구축하겠습니다.

- 조속한 시립병원 설립으로 빈곤층 및 저소득층의 보건의료 강화

(도시기반시설 확충)

➪ ➪ ➪ **공영주차장 확충을 통해 심각한 주차난을 해소하겠습니다.**

- 제1공단 공원화와 지하주차장 설비

- 주택가 주차장 대폭 추가 설치

- 주차단속 결과 및 기타자료에 의한 주차장 동별 확보

⇨⇨⇨ 교통종합센터를 건립하겠습니다

- 주차장, 공영차고지, 가스충전소, 세차장 등 교통종합센터 건립
- 교통표지판에 잔여거리 표시 및 버스도착정보 첨단화

⇨⇨⇨ 미금역을 환승역으로 설치해 주변지역의 경제 활성화를 도모하겠습니다.(국비 요구 및 민자사업자와 협상 병행)

- 구미동, 금곡동 및 미금사거리 지역 경제 활성화
- 구미동 보호관찰소 부지를 환승주차장으로 활용

⇨⇨⇨ 신명나는 택시를 구현하겠습니다.

- 정류장현실화
- 법인택시 휴지차량지원제 실시
- 면허매입을 통한 감차 추진
- 부제폐지
- 외지영업단속권한 택시조합과 법인 협의체 위임
- 택시운전자에 시정통신원 위탁운영
- 운전자를 위한 교통회관 설립
- 가스충전소설치 추가허가로 택시기사 복지사업재원 확보

⇨⇨⇨ 유럽형 도심순환 경전철 사업을 추진하여 교통편익을 증진하겠습니다.

- 경전철과 광역전철 환승체계 수립
- 교통사각지대 해소

▷▷▷ 탄천을 중심으로한 자전거 도로를 개설하여 그린교통 수단 활용 하겠습니다.

- 분당, 본시가지, 판교를 잇는 자전거 전용도로 연결 개설
- 탄천변 불량 벚꽃길을 왕벚꽃으로 교체하는 등 벚꽃길 재정비
- 거리표시기 설치

(지속가능한 도시환경 만들기)

▷▷▷ 탄천 수질개선으로 쾌적한 도시환경을 조성하겠습니다.

- 빗물 이용체계 확립으로 탄천수량 관리

　:: 직선하천을 자연형 굴곡하천으로

- 분당천·동막천 등 탄천지류의 자연생태계 복원 등
- 상류 오염원 제거 및 지류별 하수처리시스템 설치

▷▷▷ **환경적 질환으로 고통받고 있는 아토피질환자들의 치료 및 예방에 힘쓰겠습니다.**
- 시립병원 건립 시 아토피 치료센터 개설
- 각급 보건소별 아토피 진료과목 개설

▷▷▷ **100만인 도시에 절대적으로 부족한 녹지를 확충하고 깨끗한 거리를 만들어 시민 곁에 숨 쉬는 휴식공간을 만들겠습니다.**
- 법면녹화, 옥상녹화 등 도시 내 빈 공간 활용한 녹지확충
- 맞춤형 쓰레기 수거차량 도입, 위생적 수거

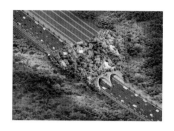 ⇨ ⇨ ⇨   성남 환상형 공원 벨트를 조성해 도심 속 녹지공원을 확보하겠습니다.
- 청계산~광교산 구간, 불곡산-영장산 구간 에코브리지 설치

⇨ ⇨ ⇨   권역별 생태 휴식공간을 조성하고 정비해 깨끗한 지역환경을 만들겠습니다.
- 수정 · 중원의 친수공간 확대와 수경공간 조성

⇨ ⇨ ⇨   생태계 및 환경보전 분야의 오염실태를 모니터링해 지속적인 감시와 개선을 하겠습니다.

⇨ ⇨ ⇨   천연가스 버스 도입을 조기확대해 대기오염을 줄이겠습니다.

⇨ ⇨ ⇨   소음, 분진, 공사장의 비산먼지에 대한 대책을 조속히 수립하고 발 빠르게 대응하겠습니다.

⇨ ⇨ ⇨   재개발시 발생하는 건축폐기물을 친환경적으로 처리하겠습니다.

⇨ ⇨ ⇨   수정 · 중원 재개발 시 쓰레기 자동집하설비를 설치해 '클린도시'를 조성하겠습니다.

(시민의 삶의 질 향상(문화 · 생활체육))

⇨⇨⇨ 각 구별 인조 잔디구장을 대폭 확충하여, 생활체육을 통한 건강한 삶을 실현하도록 하겠습니다.

- 100만 거대도시에 인조 잔디구장 극소
- 기존 구장을 인조잔디로 조성 또는 신규 조성

⇨⇨⇨ 성남시립박물관을 건립해 시민들이 우리지역의 역사와 문화를 배우는 지역교육기관으로 활용하겠습니다.

- 분당, 판교, 위례신도시 개발에 따른 역사유물 전시

이재명 예비후보자 공약집 83

- 지방분권시대의 지역문화로 자리매김

▷▷▷ **학교 안에 문화체육시설을 설립하고, 지원해 문화 소외계층에게 문화예술 향유 기회를 확대하겠습니다.**
- 학교 운동장을 문화체육공원화해 주민에 개방
- 성남아트센터를 시민에게 전면 개방
- 프로그램 다양화로 시민참여 유도

▷▷▷ **인조잔디구장 조성 후 축구연합회 위탁관리**
- 성남종합운동장 대규모 리모델링 후 위탁관리
- 배드민턴 등 기타 체육시설도 해당 연합회 위탁

▷▷▷ 구별 체육공원을 조성해 생활체육을 적극 지원하겠습니다.

- 다른 공원조성사업과 연계 실행
- 다양한 레포츠 복합공간으로 기능

▷▷▷ 돔형 생활체육시설 등 생활체육 운동시설을 확충하겠습니다.

- 야구, 배드민턴, 테니스, 게이트볼, 배구장 등 동구장 설치
- 게이트볼장 바람막이 시설 확충 및 게이트볼장 추가 신설

▷▷▷ 탄천을 따라서 족구장 건립 및 족구장 바닥재 설치

5;

지역별 세부정책

지역별 세부정책

(지역 공통공약)

 ⇨ ⇨ ⇨ 모든 지하철역에 장애인 및 노약자를 위한 에스컬레이터와 엘리베이터를 설치하겠습니다.

- 승강기 미설치 구간(2014년까지 노인인구 과다 순으로 설치)

⇨ ⇨ ⇨ 횡단보도의 신호등 잔여표시기를 확대설치해 보행자 편의를 도모하겠습니다.

- 잔여표시기 설치여부의 타당성 검토 후 단계적 확대 설치

⇨ ⇨ ⇨ 어린이들 놀이터 모래 위생에 만전을 기해 위생 사각지대에 있는 아이들 건강을 지키겠습니다.

- 정기적인 놀이터 모래갈이 및 놀이터 시설 안전정비
- 모래 위생처리차 도입(열세척, 물세척 등)

 각 동별 공립·시립 보육시설을 확대설치, 가계의 경제적 부담을 덜어드리겠습니다.

- 동별 국공립 보육시설 설치확대

(수정·중원구)

⇨⇨⇨ 남한산성 터널 공사를 저지하겠습니다.
- 문화자산이고 시민휴식공간 남한산성 지키기

⇨⇨⇨ 태평동 구시청사 부지의 현대식 시립병원과 연계하여 인근 상권활성화를 위한 조치를 하겠습니다.

⇨⇨⇨ 모란~중동 간 상업지구를 특화상업지구화해 경제활성화를 도모하겠습니다.
- 교통요충지 모란에 비즈니스센터, 쇼핑타운, 복합영화관, 공연장 등을 모란환승역사와 연계하여 추진

⇨⇨⇨ 모란~중원구청~아튼빌~상대원공단~사기막골 구간에 경전철을 설치하겠습니다.
- 고질적인 본시가지 교통난 해결

➯ ➯ ➯ 모란민속5일장을 현대화하여 전국의 명물로 만들겠습니다.

➯ ➯ ➯ 복정동 성남수질복원센터의 제1처리장을 복개하여 체육공원화하겠습니다.

➯ ➯ ➯ 성남동 광명로 사거리~성일중 거리의 인도를 조속히 확보하겠습니다.
- 초 · 중 · 고 밀집지역인 윈터길(성일로)의 확장공사
- 조속한 인도 확보를 통한 등 · 하교 시 교통사고 예방

➯ ➯ ➯ 하대원동의 아튼빌 아파트 등 본시가지 아파트에 지역난방을 도입하겠습니다.
- 지역난방 지원조례 제정

➯ ➯ ➯ 중동을 중앙동으로 명칭을 변경하겠습니다.
- 중동 이외 동명칭도 '동명칭개편위원회'를 통해 의견 수렴 후 변경

➯ ➯ ➯ 금광동에 노인 무료급식 시설을 설립해 결식 우려가 있는 독거노인, 저소득층 노인들을 지원하겠습니다.
- 무료급식시설 설립 및 결식우려 대상 노인층에 대한 예산지원 확대
- 양질의 무료급식 및 취약계층 급식 확대

➯ ➯ ➯ 은행2동 재개발을 완수하겠습니다.

- 이주자 주택 공급 및 보상 현실화

- 상원초교 지하주차장 건설 통해 주차난 해소

- 학교 주변 교통시설 안전대책 수립

- 은행동 '문화의 거리' 조성

▷▷▷ **상대원동 하이테크밸리 복합 건물을 지원하겠습니다.**

- 첨단기업 유치로 일자리 창출

- 공영차고지 및 주차장 건립

- 모란역 연결 경전철 건설

- 궁전·성지아파트 재개발 지원(근로복지회관 임야 포함)

▷▷▷ **태평동 충혼탑을 이전하고,**

▷▷▷ **산성아파트를 매입해 근로자 복지시설로 전환하겠습니다.**

- 건우아파트 부지와 공원부지 교환 추진

(분당구)

▷▷▷ **리모델링지원조례를 제정하여 리모델링을 지원하겠습니다.**

- 평면구성의 극대화로 신축에 버금가는 주거공간마련 지원

- 인허가시 주민 편익을 최대한 반영

노후화의 현주소

물리적 노후화

준공후 15년~20년 시점부터 본격적 발생
(유지관리와 보수로 대응 불가능)

· 구조체 및 시설물 안전성 점검
· 배관, 에너지, 전기 등 주요 설비 교체 필요
· 내·외장재 교체 필요 등

사회적 노후화

기술발전,소득수준 향상에 따른 현상
(압축적 경제성장의 결과)

· 평면구조의 진부화
· 실주거면적의 협소
· 주차공간, 녹지공간 부족 등 단지환경 열악
· 건물외관이미지 열악 등

리모델링은 제2의 건축

증축형 리모델링

-내부 평면 변경과 세대별 증축
- 구조보강 및 내진설계
- 수직 증축 및 수평증축
- 주차장 및 부대복리시설 증설
- 아파트 외관 및 단지환경개선
- 지상 녹지공간 확보 및 개선
- 설비 교체
- 에너지절감을 위한 자재

- 주민이주 시 각종 지원책 마련

⇨ ⇨ ⇨ 전국에서 가장 높은 분당의 기름값을 인하하겠습니다.(저유소와 연계)

⇨ ⇨ ⇨ 지역난방 요금을 철저히 관리하여 주민부담을 최소화하겠습니다.

⇨ ⇨ ⇨ 분당에서 신촌공원을 지하로 관통하여 낙생고로 연결되는 직선도로를 개설하겠습니다.

⇨ ⇨ ⇨ 판교 알파돔시티를 조기 착공시켜 일자리를 창출하겠습니다.

⇨ ⇨ ⇨ 야탑밸리 조성사업을 조기 추진하겠습니다.
- 첨단 연구개발 인프라 구축을 통한 우수 연구기관 유치

⇨ ⇨ ⇨ 야탑동 청소년수련관 및 보건지소를 조기 건립하겠습니다.

⇨ ⇨ ⇨ 서현동 도서관을 조기 건립하겠습니다.

⇨ ⇨ ⇨ 구미동 하수종말처리장 부지에 고등학교를 유치하겠습니다.
- 경기도교육청과 협의 유치

⇨⇨⇨ **정자동 주택전시관을 복합문화센터와 체육공원으로 활용하겠습니다.**

- 주택전시관 주변 공원부지를 생태공원화
- 주택전시관을 여가시설, 수영장을 비롯한 헬스 체육시설로 활용

⇨⇨⇨ **분당지역의 특성을 고려하여 대한민국의 '프라이브르크'를 만들겠습니다.**

- 아파트의 옥상녹화 및 작은공원 조성 지원
- 옥상녹화로 단열효과 및 발열효과로 에너지 절약
- 식목 강화로 도시 열섬현상 완화

⇨⇨⇨ **판교 산운마을**
- 서판교역 조기 착공 및 건설(광명~ 판교간 지하철 조기 개통) 추진
- 서울외곽순환도로 이전 추진
- 공립 단설 유치원과 시립 어린이 집/탁아소 조기 설치

- 서울행 광역버스 노선 판교 명칭 명기 및 배차 간격 축소
- 57번 우회도로 친환경 에코 방음터널 설치
- 용인~서울고속도로 성남주민 통행료 인하 추진
- 판교 차량사업소 부지 이전을 통한 문화 복지 종합시설 건립

⇨⇨⇨ 판교 원마을

- 연성길 및 성내미터널 경유 서울행 광역버스 노선 추가 배치
- 57번 우회도로 친환경 에코 방음 터널 설치
- 차량등록사업소 이전 계획 백지화와 동 부지에 복합 문화회관 건립
- 혁신 학교 설립(경기도교육청 연계)
- 금토산공원과 청계산을 연결하는 보행전용 연결로 건설
- 판교IC 도로에 서판교 진입 도로 안내판 설치

⇨⇨⇨ 봇들마을

- 분당~수서 고속화도로 지하화 및 생태공원 조성(판교 공동사업자와 협의)
- 분당~내곡 고속화도로 지상 노출 구간 방음터널 설치
- 봇들마을 도서관 추가 건립
- 소각장 굴뚝 높이를 다이옥신에 안전한 높이로 고도화
- 분당출발 서울행 광역버스 노선을 봇들마을 주요 아파트 경유하도록 노선 변경

⇨⇨⇨ 백현마을

- 판교공동묘지(자연장) 인수 후 체육공원 조성
- 서울행 광역버스 노선 현실화 및 확충
- 백현마을 도서문화컴플렉스 설치

6; 혁신 정책과제

혁신 정책과제

1) 시민참여/민주행정

① 시장실을 9층에서 1층으로 이전, 개방형 시장실 추구
② 참여예산제, 시민정책제안제도의 확대로 정책과정에 광범위한 주민참여 보장
③ 인사위에 직역별대표자가 참여하여 하위직과의 정기간담회 개최로 직접 의견수렴
④ 개방형임용제 확대를 통한 지역 인재와 민간 전문가들의 행정 참여
⑤ 승진대상자 사전공고제도, 다면평가제, 인사권 위임과 인사위 준의결기구화, 지역균형인사, 실수권제도, 지원부서보다 현업부서 우대
⑥ 〈시민감사위원회〉를 설치해 공직자의 부정부패방지와 청렴행정의 제도화
⑦ 아파트연합회 등 주민단체 지원을 통한 시정참여기회 부여

⑧ 정책실명제 확대 및 정책평가제(매니페스토) 실시로 책임행정 구현
⑨ 주민센터의 민주화와 주민주도성 회복을 통한 생활자치의 강화
⑩ 24시간 야간민원실 운영

2) 지역복지사회 구현

① 모든 재해와 장애물로부터 해방된 무재해·무장애도시 만들기
② 도시건축물과 각종 시설의 안전을 위한 종합대책과 지원체계 마련

③ 로컬푸드 운동을 통한 안전한 먹거리 체계 구축

④ 전문직 은퇴자들의 지역공헌활동 지원조직 육성

⑤ 건설예산의 축소와 지방재정대비 사회복지예산의 비율 상향

⑥ 노인이 편안한 도시 만들기(노인 인구수 대비 노인시설 확충)

⑦ 생활밀착형 주민 건강관리와 맞춤형 의료 서비스로 공공보건의료
   강화

⑧ 경력단절 여성의 재취업 · 창업 · 사회활동을 위한 종합 지원 대책

⑨ 보육시설 및 프로그램의 확대를 통한 공공성 강화(국공립 보육시설 3
   배 늘이기)

⑩ 학교폭력, 아동 및 여성폭력 없는 안전한 도시 만들기

3) 지역경제 활성화 방안

① 지역 소기업, 사회적기업 활성화를 위한 기금조성과 지원체계 마련

② 대형마트 제한과 기업형슈퍼마켓 규제, 재래시장의 활성화

③ 산산(産産)연계를 통한 지역내 내수시장 확대

④ 지역균형발전지수 공표와 이를 실현하기 위한 시민협의체 구성

⑤ 지역발전과 지역공헌형 기업구조 마련(기업의 지역공헌에 관한 조례제정)

⑥ 창의적 소기업 창업을 지원하는 공공기금 조성

⑦ 청년실업자 및 퇴직자들의 창업과 일자리를 지원하는 창업전문재
   단 설립

⑧ 폐업 자영업자, 비정규직의 재기를 지원하는 직업교육과 사회안전
　망 구축
⑨ 지역 맞춤형 사회서비스 일자리 창출(아동, 노인 돌봄 서비스 등)
⑩ 직장인들을 위한 공공 순환교육프로그램의 확대

4) 교육, 문화, 예술

① 초·중·고교 완전 무료급식(친환경 농산물)
② 전일제 방과후 교실의 전면확대와 프로그램의 질 향상

③ 어린이도서관, 놀이도서관, 어린이테마공원 조성 등 어린이 공공 문화기반 확대

④ 시립예술단, 문화시설 등 지방자치단체 문화예술단체 및 기관 운영의 민주화

⑤ 예술인공동작업장과 조각공원, 무형문화재 교육장 지원

⑥ 문화바우처사업을 통한 문화예술공교육 활성화와 문화예술인 육성

⑦ 소외계층, 사회적 약자의 생활체육과 문화활동 지원

⑧ 주민 및 청소년 문화예술동아리 지원으로 지역문화 육성

⑨ 커뮤니티센터 건축을 통한 사무실 및 활동 지원(온오프라인 동호회)

5) 친환경 녹색도시

① 2014년까지 공공청사 사용에너지의 10%를 재생가능에너지로 수급
② 저탄소 생태도시 실현과 기후보호도시 실행계획 제시
③ 재생에너지 확대를 위한 지원기금 마련
④ 주민참여형, 자원순환형 도시로 전환
⑤ 에너지 자립형 건축물의 확대
⑥ 공공임대주택의 확대 등 시민의 주거복지 강화
⑦ 도심 녹지, 하천 및 생태 공간의 복원과 확대

⑧ 도시의 흙과 자연, 친환경성을 살리는 도시농업의 지원

⑨ 대안교통수단의 확대를 위한 지역교통체계의 혁신

⑩ 편안하고 안전한 거리, 아름다운 가로환경을 통한 보행공간의 혁신

⑪ 지속가능한 생태도시계획과 공공 공간(시민광장)의 확대

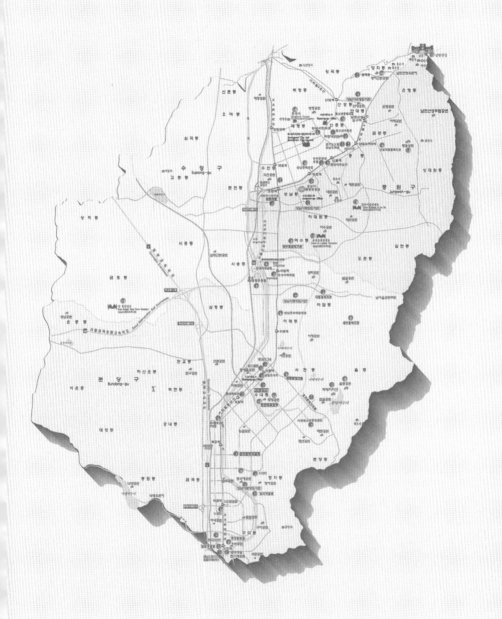

| 성남시 전도 |

고난을 통해 희망을 만들다

| 제5회 전국동시지방선거 이재명 예비후보자 공약집 |

2010년 2월 16일 1판 1쇄 인쇄 / 2010년 2월 20일 1판 1쇄 발행

지은이 이재명 / 펴낸이 임은주 / 펴낸곳 도서출판 청동거울
출판등록 1998년 5월 14일 제13-532호
주소 (137-070) 서울 서초구 서초동 1359-4 동영빌딩
전화 02)584-9886(편집부) 02)523-8343(영업부)
팩스 02)584-9882 / 전자우편 cheong1998@hanmail.net

편집주간 조태봉 / 편집 김은선 / 마케팅 배진호 / 관리 김은란

※책값은 뒤표지에 있습니다.
※잘못된 책은 바꾸어 드립니다.

ISBN : 978-89-5749-128-7 03340